Heróis da Humanidade
Alexander Graham Bell

Ciranda Cultural

Dados Internacionais de Catalogação na Publicação (CIP) de acordo com ISBD

B921a   Buchweitz, Donaldo
            Alexander Graham Bell / Donaldo Buchweitz; ilustrado por Eduardo Vetillo. - Jandira,
SP: Ciranda Cultural, 2022.
            24 p.: il.; 25,00 cm x 25,00 cm - (Heróis da humanidade – edição bilíngue)

         ISBN: 978-65-261-0035-6

            1. Literatura infantojuvenil. 2. Gênio. 3. Inventor. 4. Herói. 5. Biografia. 6. Telefone.
7. Inventor. 8. Telégrafo. 9. Bilíngue. I. Vetillo, Eduardo. II. Título. III. Série.

	CDD	028.5
2022-0592	CDU	82-93

Elaborado por Lucio Feitosa - CRB-8/8803
Índice para catálogo sistemático:
1. Literatura infantojuvenil 028.5
2. Literatura infantojuvenil 82-93

© 2022 Ciranda Cultural Editora e Distribuidora Ltda.
Produção: Ciranda Cultural
Texto @ Donaldo Buchweitz
Ilustrações: Eduardo Vetillo
Preparação de texto: Karina Barbosa dos Santos
Revisão: Maitê Ribeiro e Lígia Arata Barros
Versão e narração em inglês: Melissa Mann

1ª Edição em 2022
www.cirandacultural.com.br
Todos os direitos reservados. Nenhuma parte desta publicação pode ser reproduzida, arquivada em sistema
de busca ou transmitida por qualquer meio, seja ele eletrônico, fotocópia, gravação ou outros, sem prévia
autorização do detentor dos direitos, e não pode circular encadernada ou encapada de maneira distinta daquela
em que foi publicada, ou sem que as mesmas condições sejam impostas aos compradores subsequentes.

Heróis da Humanidade
Alexander Graham Bell

Ouça a narração em inglês:

Alexander Graham Bell nasceu em Edimburgo, na Escócia, em 1847. Foi o segundo filho de Alexander Melville Bell e Elize Grace Symonds. Seu avô era sapateiro e gostava de recitar Shakespeare enquanto trabalhava, o que deixava o menino encantado.

Alexander Graham Bell was born in Edinburgh, Scotland in 1847. He was the second son of Alexander Melville Bell and Elzie Grace Symonds. His grandfather was a shoemaker and enjoyed reciting Shakespeare while he worked, which fascinated Graham Bell.

Admirado com a própria voz, o avô abandonou o ofício de sapateiro e seguiu o caminho do teatro. Porém, não demorou muito para descobrir sua verdadeira vocação e tornou-se professor de dicção, especializado em foniatria.

His grandfather, who was admired for his voice, left shoemaking and took up acting. But it did not take him long to discover that his true calling was as a teacher of diction who specialized in phoniatrics.

O pai de Graham Bell, Melville Bell, criou um sistema que permitia que as pessoas com deficiência auditiva lessem a fala, observando o movimento dos lábios do interlocutor. Ele chamou esse método de "fala visível".

Graham Bell's father, Melville Bell, designed a system that helped people who were hard of hearing to read speech by observing the speaker's lips. He termed this "visible speech."

Graham Bell cresceu em um ambiente rodeado de estudos da voz e dos sons. A maior parte de seu conhecimento ele adquiriu com o pai, um estudioso incansável. Aos 16 anos tornou-se professor de elocução e de música, e pouco tempo depois assumiu o posto de instrutor na Universidade de Bath, na Inglaterra.

Graham Bell grew up in a home surrounded by studies of the voice and sounds. Most of what he learned came from his father, a tireless scholar. At age 16 Graham Bell became a teacher of elocution and music. Shortly thereafter he took up a teaching position at the University of Bath in England.

Em 1872, os Bells se mudaram para o Canadá, e o jovem Alexander se tornou amplamente conhecido ao levar pela primeira vez ao país a arte de capacitar deficientes auditivos a enunciar palavras e sons inteligíveis que eles próprios nunca ouviram.

In 1872 the Bells moved to Canada, and the young Alexander gained fame for having brought with him the art of training the hard of hearing to say words and produce intelligible sounds that they themselves had never heard before.

Ainda em 1872, inaugurou a própria escola para deficientes auditivos. No ano seguinte, sua mãe, portadora de deficiência auditiva desde jovem, foi convidada a introduzir o sistema gestual do marido em uma escola de Boston, mas recusou o posto em favor do filho. Graham Bell logo se tornou famoso nos Estados Unidos pelo sucesso nessa área.

The first school for the deaf was founded in 1872 as well. The following year Graham Bell's mother, who had been mostly deaf since childhood, was invited to introduce her husband's signing system to a school in Boston, but she turned down the position in favor of her son. Graham Bell soon became famous in the United States for his success in teaching speech to the hard of hearing.

Graham Bell começou a estudar a transmissão de tons musicais por telégrafo. Com o fonautógrafo, podia obter traçados das vibrações sonoras em papel enegrecido, por meio de um lápis ou estilete preso a um cordão ou uma membrana vibratória. Também conseguiu obter traços em vidro fumê das vibrações produzidas por sons vocálicos. Em 1875, passou a transmitir vibrações entre duas armaduras, uma em cada extremidade de um fio, e descobriu que as vibrações criadas na palheta pela voz podiam ser transmitidas de modo a reproduzir palavras e sons.

Graham Bell began studying the transmission of musical tones via telegraph. Using a phonograph, he was able to capture etchings of sound vibrations on rigid paper using a pencil or stylus attached to rope or vibratory diaphragm. He was also able to get etchings on glass. In 1875 he transmitted vibrations between two receivers on opposite ends of a wire and discovered that the vibrations created by the vocal palette could be transmitted in such a way as to reproduce words and sounds.

Com uma velha caixa de charutos, dois metros de arame e dois ímãs retirados de um viveiro de peixes de brinquedo, Bell criou o primeiro telefone. O aparelho ainda não era o telefone prático como o conhecemos, mas foi suficiente para que o escritório de patentes dos Estados Unidos lhe concedesse a patente número 174.465, graças ao empreendedor Gardiner Hubbard.

Using an old cigar box, two meters of wire and two magnets taken from a toy fishpond, Alexander Graham Bell created the first telephone. The device was not yet the practical telephone we are familiar with, but it was enough for the United States Patent Office to grant him patent number 174,465 thanks to entrepreneur Gardiner Hubbard.

Em 1876, ele conseguiu deixar o telefone em condições práticas de uso. O público demorou a reconhecer a grande importância da invenção. Juntamente com Thomas Edison, o inventor da lâmpada, em 25 de janeiro de 1881, Bell criou a Companhia Telefônica.

In 1876 Alexander Graham Bell managed to make a more user-friendly telephone. It took a while for people to recognize the importance of the invention. Bell and Thomas Edison, the inventor of the lightbulb, founded the Telephone Company on January 25, 1881.

Graham Bell casou-se com Mabel Hubbard e continuou suas experiências na área da comunicação, que culminaram na invenção do fotofone, que transmitia o som por meio de feixes de luz, um precursor dos sistemas de fibra óptica atuais.

Alexander Graham Bell married Mabel Hubbard and continued to carry out experiments in communications, leading to the invention of the photophone, which transmitted sound through a beam of light, a precursor to today's fiber optics.

Bell dedicou-se à fundação de uma instituição em Washington, para uso de estudantes. Em 1882, recebeu da França a fita da Legião de Honra. Faleceu em 1922, tão visionário e apaixonado por pesquisas quanto na juventude.

Alexander Graham Bell dedicated his life to helping those with limited hearing and founded the Association for the Deaf and Hard of Hearing in Washington, DC. In 1882 he was awarded the Legion of Honor in France. He died in 1922, as much a visionary and passionate about research in his old age as he had been in his youth.